EDICT
DV ROY
POVR

LE REGLEMENT

des Degrez de Licences, &
Doctorat és Droits en toutes les Vniuersitez
de France.

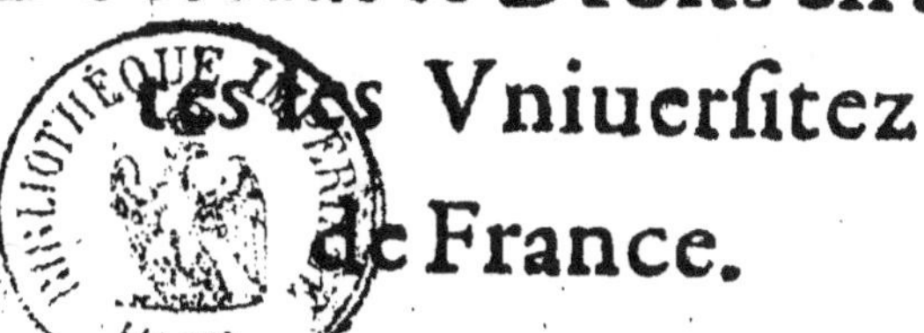

A PARIS,

De l'Imprimerie de PIERRE DVRAND,
à l'Image sainct Sebastien, pres
le Puits-Certain.

M. DCXXV.

EDICT DV ROY POVR
le Reglement des degrez de Licence, & Doctorat és Droits,
en toutes les Vniuersitez
de France.

OVYS Par la gra-
ce de Dieu, Roy de
France, & de Nauar-
re : A tous presens &
à venir salut. Nostre amé & feal
Conseiller, Maistre Edme Merille Docteur, Regent és Droits
de nostre Vniuersité de Bourges,
Deputé des corps des principalles Vniuersitez de nostre Royau-

A

me , & fondé de procuration de
nos amez & feaux Conseillers, les
Doyens, & Docteurs, Regents és
Droits desdites Vniuersitez , des
procurations desquelles il nous a
faict apparoir : Nous auroit faict
dire & remonstrer au nom desdites Vniuersitez ; Que plusieurs de
nos subiets trouuoient moyen
d'obtenir des lettres de Licences,
ou de Doctorat en Droit en quelques vnes desdites Vniuersitez ,
quoy qu'ils en fussent du tout in-
capables , & qu'ils n'eussent ia-
mais estudié , ny entré en aucune
desdites Vniuersitez , En suitte
desquelles lettres ils estoient receus Aduocats, tant en nos Cours
Souueraines, que Iurisdictions su-
balternes ; Mesmes qu'aucuns
estoient receus Aduocats , & aux

Offices de Iudicature , fans auoir
obtenu lefdites lettres de Licences
ou de Doctorat. Ce qui feroit
au grand preiudice & mefpris de
nos Ordonnances , Reglemens
& Arrefts defdites Cours Souueraines , & pourroit en fin intro-
duire l'ignorance du Droict. A
CES CAVSES, defirant que nos
Vniuerfitez qui ont efté eftablies
auec grande confideration, foient
conferuées en leur fplendeur &
dignité, Et afin que nos fubiets
fe rendent plus dignes des charges & Offices, Nous auons faict
& faifons tres-expreffes inhibitions &deffences, à tous Doyens,
Docteurs, Regents de toutes nof-
dites Vniuerfitez, de donner plus
d'orefnauant aucunes lettres de
Licence ou Doctorat en Droict

Ciuil, ou Canon, s'il ne leur appert
par bonnes & vallables attestations, Que celuy qui doit receuoir
lesdites lettres , ait estudié en quelqu'vne de nosdites Vniuersitez l'espace de six mois, & qu'il aye aussi
estudié l'espace de six autres mois
en l'Vniuersité ou lesdites Licences luy doiuent estre conferées,
VOVLONS ET ORDON-
NONS que nosdits subiets ne
puissent estre receus au serment
d'Aduocat, ou charges de Iudicature, sans auoir obtenu lesdites lettres de Licence ou Doctorat en
l'vne desdites Vniuersitez; Et affin
de preuenir les fraudes & contra-
uentions qui se pourroient faire
pour obtenir lesdites attestations.
NOVS ordonnons que les estu-
dians en Droict, se feront imma-

triculer pardeuant les Doyens defdites Vniuerfitez, & que ledit temps de fix mois coure du iour de leur immatriculation , & qu'ils ne pourront obtenir lefdites Lettres, qu'ils n'ayent atteftation des Docteurs Regens, de l'affiduité & continuation de leurs eftudes pendant ledit temps. Caffons dés prefent, & annulons toutes lettres de Licence ou de Doctorat qui feront cy apres obtenuës en autre forme que celle par Nous ordonnée, Lefquelles lettres Nous voulons eftre de nul effect & valeur : Enioignons à tous Doyens & Docteurs, Regents defdites Vniuerfitez de noftredit Royaume, d'obferuer foigneufement la prefente Ordonnance , Voulons que ceux d'entr'eux qui y contreuiendront,

& qui seront recogneus auoir con-
cedé lesdites lettres de Licence,
contre la forme par Nous pre-
scrite, soient priuez d'vne année de
leurs gages ordinaires. Permet-
tons aux Doyens & Docteurs Regents , des autres Vniuersitez de
les deferer, N'entendons neant-
moins que les estrágers qui estu-
dient en nosdites Vniuersitez,
soient compris en ladite Ordonnance. Et d'autant que Nous
auons esté aduertis que quelques
vns recognoissans leur incapacité,
supposoient des personnes capables pour estre examinez, & obtenir lesdites Lettres de Licences au
nom de ceux qui les supposent.
Deffendons à toutes personnes
d'vser de telles & semblables suppositions à peine de faux : Permet-
tons

tons aux Docteurs Regents , qui auroient esté surpris par lesdites suppositions de deferer telles personnes pardeuant nos Iuges ordinaires, mesme de se rendre parties si bon leur semble. Voulons & nous plaist que nos Aduocats & Procureurs Generaux , & leurs Substituts tiennent lamain à ce qu'il ne soit contreuenu au present Edict & Ordónance, Et qu'ils empeschent qu'aucun ne soit receu audit serment d'Aduocat, qu'il ne luy ayt prealablement faict apparoir des matricules, attestations & Lettres de Licence en ladite forme. Si DONNONS en mandement à nos amez & feaux Conseillers les gens tenants nos Cours de Parlemens , Baillifs , Seneschaux, Preuosts, Iuges, ou leurs Lieute-

nans, & à chacun d'eux si comme à
luy appartiendra, Que ces presen-
tes ils facent lire, publier, & enre-
gistrer, & le contenu d'icelle faire
garder, & obseruer, selon leur forme & teneur : Car tel est nostre
plaisir. Donné à Paris au mois
d'Auril, l'an de grace mil six cens
vingt cinq. Et de nostre Regne
le quinziesme.

Signé,   LOVYS.

Et sur le reply, Par le Roy.

DE L'OMENIE.

Et seellé du grand sceau en cire
verte.

EXTRAICT

EXTRAICT
des Regiſtres de Parlement.

VEU Par la Cour les Lettres patentes du Roy données à Paris au mois d'Auril de la preſente année, Signé LOVYS. Et ſur le reply par le Roy, DE L'OMENIE : Et ſeellée du grand ſeel de cire verte, obtenuës par Maiſtre Edmé Merille Docteur Regens és Droits en l'Vniuerſité de Bourges, deputé des principalles Vniuerſitez du Royaume, & des Docteurs, Regens deſdites

Vniuerſitez, Parleſquelles & pour les cauſes y contenuës. Ledit Seigneur fait inhibitions & deffences à tous Doyens, & Docteurs, Regens en toutes Vniuerſitez de dóner d'oreſnauant aucunes lettres de Licence ou Doctorat és Droits Ciuil & Canon, s'ils ne leur appert par bonnes & vallables atteſtations que celuy qui doit receuoir leſdites Licences ayt eſtudié en quelqu'vne deſdites Vniuerſitez l'eſpace de ſix mois, & qu'il ayt auſſi eſtudié l'eſpace de ſix autres mois en l'Vniuerſité ou leſdites Licence luy doiuent eſtre conferées, auec deffence de receuoir aucunes perſonnes au ſerment d'Aduocat, ou charge de Iudicature ſans auoir obtenu les Lettres de Licence, ou Doctorat en l'vne deſdites Vniuer-

ſitez, ainſi & comme plus au long
le contiennent leſdites Lettres.
Requeſte par ledit Merille preſen-
tée à ladite Cour afin de verifica-
tion d'icelles, Concluſions du Procureur General du Roy, & tout
conſideré. LADITE COVR a
ordonné & ordonne, que leſdites
Lettres ſeront regiſtrées és Regi-
ſtres d'icelle: Ouy ſur ce conſen-
tant le Procureur General du Roy,
pour eſtre executées ſelon leur forme & teneur.   Faict en Parlement
le treizieſme iour de May, mil ſix
cens vingt-cinq.

Signé,   DV TILLET.

Et sur le reply desdites Lettres es
escrit : Enregistré ouy à ce consentant
le Procureur General du Roy , pour
estre executée selon leur forme & teneur. Fait à Paris en Parlement , le
treziesme iour de May, mil six cens
vingt-cinq.

Signé,   DV TILLET.